Ernst Wilhelm Bredt

Chodowiecki zwischen Rokoko und Romantik

Literaricon

Ernst Wilhelm Bredt

Chodowiecki zwischen Rokoko und Romantik

ISBN/EAN: 9783959135368

Auflage: 1

Erscheinungsjahr: 2017

Erscheinungsort: Treuchtlingen, Deutschland

Literaricon Verlag UG (haftungsgeschränkt), Uhlbergstr. 18, 91757 Treuchtlingen. Geschäftsführer: Günther Reiter-Werdin, www.literaricon.de. Dieser Titel ist ein Nachdruck eines historischen Buches. Es musste auf alte Vorlagen zurückgegriffen werden; hieraus zwangsläufig resultierende Qualitätsverluste bitten wir zu entschuldigen.

Printed in Germany

Cover: Adolph von Menzel, Chodowiecki auf der Jannowitzbrücke, Ausschnitt, Abb. gemeinfrei

Chodowiecki, Zwischen Rokoko und Romantik

mit 76 Abbildungen
gewählt und eingeleitet von
Professor Dr. E. W. Bredt

Hugo Schmidt Verlag München

L'affreux Caligorant par Astolfe vaincu
A la faveur du son de sa trompe enchantée,
Porte de son vainqueur et le casque et l'écu.
Et même (quel affront pour un nouvel Antée!)
Le filet que Vulcain, cet epoux indiscret,
Fit pour Surprendre un Dieu qui le deshonoroit.

Chant XV.

Aus Ariost, Der rasende Roland

Daniel Chodowiecki

(1726–1780)

Trotz seines polnischen Familiennamens und Vaters, trotz seiner französischen Großmutter wurde Chodowiecki *) ein Künstler von unverkennbar norddeutscher Art. Durch seine vielen tausend Zeichnungen und Miniaturstiche wurde er zum größten künstlerischen Berichterstatter seiner Zeit in Deutschland. Wer wirklich sich vorstellen will, wie die Gesellschaft der Zeit Friedrichs des Großen, wie die Damen und Herren, die Freunde und Freundinnen Gellerts und Geßners, Lessings und des jungen Goethe sich benahmen und unterhielten, wie sie sich kleideten und begrüßten, der muß sich in

Berlinische Folgsamkeit

*) sprich: Hodowi-Etzki.

Die Vorstellung am Frisiertisch

das köstliche kleine Bilderwerk Chodowieckis vertieft haben. Durch die Gewissenhaftigkeit und Gründlichkeit seines Studiums aller Gegenstände des Lebens, der Kleider und Möbel, durch den Realismus und die Tüchtigkeit seiner Beobachtung der Gesellschaft von damals, durch die Feinheit seiner Empfindung, nicht zuletzt durch die erstaunlich sichere Griffelführung in der Zeichnung kleinster Bildchen und Gesichtchen, hat sich Chodowiecki den Ruhm der Meisterschaft eines Miniaturradierers erworben, der auch neben den besten und viel mehr gefeierten französischen Sittenschilderern des achtzehnten Jahrhunderts nicht verblaßt.

Ja, ein Vergleich mit jenen französischen Größen, jenen galanten Meistern Frankreichs, zeichnet ihn erst recht als einen Künstler von sehr gefestigter nationaler und persönlicher Eigenart und Bedeutung.

Auch Chodowiecki ist ein Meister des galanten Jahrhunderts, des Jahrhunderts der Dame.

Die Bilder dieses Büchleins wollen dies zeigen. Wir lassen die Bilder und Bildchen weg, mit denen sich Chodowieckis künstlerische Größe nur schwer verteidigen ließe. Geschichtsbilder, Bilder aus einer Zeit, die weit vor ihm lag, die konnte Chodowiecki nicht darstellen. Da wird er hölzern, dafür hatte sein Auge und Herz gewiß nichts übrig. Er war ein Mensch seiner Zeit, wie irgendeiner des glücklichen Jahrhunderts des Rokoko. – Ja, nicht einmal pathetische, feierliche Handlungen und Personen der Gegenwart – auch Friedrich der Große nicht – waren sein Thema. Doch steht er in jenem Mangel nicht allein. Kaum einem seiner künstlerisch Verwandten in Frankreich gelang die naive Darstellung mittelalterlicher Ereignisse. Alle Vergangenheit war diesem Jahrhundert fremd, häßlich, alles Alte war ihm „gotisch" – Das Glück

Habillemens Berolinois

1. Robe de Cour. 2. A la Reine.
3. A L'angloise.

Berliner Moden für 1780

Berliner Moden *für* 1781

Berliner Moden für 1783

im Dasein, das Behagen zumal der gutgestellten Kreise, die bequem wohnen und sich schön kleiden können, das schilderten damals die Besten mit so glücklicher Hingabe, daß sich ihre ganze Lust an der Zeit selbst uns historisch Übersättigten mitteilt. Gabe und künstlerische Erbschaft einer sich selbst über die Maßen liebenden Zeit und Gesellschaft breitet also über nicht gerade

harmlose Sitten der „guten" Gesellschaft des Absolutismus die Reize naiver Lust und schönen, sorglosen Menschendaseins. – Die Täuschung gelang allen Künstlern. Mag die Sorglosigkeit der gehobenen Kreise groß gewesen sein, mögen sie mit Zeit und Volk gespielt und getändelt haben, die Bilder täuschen – täuschen über das Glück – nicht freilich über die Stimmung und den Geist. Liegt doch über jener Zeit schon die Romantik Rousseauscher Weltflucht und Melancholie. Der künstlerische Ton, der diese feinen Lebensgenießer zu beherrschen scheint, verklärt all die Bilder jener Gesellschaft, die mit Meisterschaft die Langeweile vom Morgen bis zum Abend der Schönen zu vertreiben wußte, mit reizenden Gefühlen und fröhlichsten Stimmungen – aus dem nun verlornen Jenseits der Lebensspiele und der Lebensträume.

Chodowieckis gesamtes Werk, das umfangreicher und selbständiger als das irgendeines der galanten

Abschied beim Teetisch

Die Träumende

Der Liebeskranke

Meister Frankreichs, hat freilich viel Mäßigung, hat nicht die traumhaft süße Melancholie der Welt Watteaus und Paters. Das konnte nicht sein. Watteau

Die Überraschung im Gartenhaus

stand am Anfang, Chodowiecki am Ende des galanten Jahrhunderts. Chodowiecki steht zwischen Rokoko und

D. Chodowiecki inv et sculps

Häusliches Fest am Geburts-Tag des Vaters.

Romantik. Doch wenn die Lebensführung der Gesellschaft, abgelesen an den Bildern ihrer besten Darsteller, sich nach und nach immer etwas ernster entwickelte, wenn sie den Weg durchlief von traumhafter Weltferne und Sorglosigkeit, dann naiver und immer raffinierterer Liebesspiele und Zeitvertreibe, um endlich hier bürgerlich-sentimental oder dort revolutionär-extravagant sich zu gebärden; hier, wie dort, in Frankreich die Boucher und Fragonard, die Lancret, Cochin, Freudeberg, Moreau und Greuze, in Deutschland kein anderer so wie Chodowiecki; sie erhielten sich alle noch den liebenswürdig-sinnlichen Reiz des Lebens und der Jugend, der, auf Watteaus Liebesinseln geboren, ein Jahrhundert befruchtete.

In der Anmut der Liebesszenen kann sich Chodowiecki mit jenen ohne Nachteil vergleichen, die noch immer mit Recht für die Meister eleganter Sittenschilderungen gehalten werden. War's das französische Blut in ihm, das ihm die Anmut gab, den gesell-

Hütchen auf dem Esel vor Hannchens Bett

schaftlichen und den künstlerischen Takt, auch Frivolitäten unbefangen zu schildern? Bei einem Realisten wie Chodowiecki scheint mir die Rassenfrage mehr das Objekt anzugehen als das subjektive Blut. Seht die Bilder an – das sah er. Chodowiecki wird auch in der Illustration galanter Geschichten, wird auch bei Langbeins Schwänken nie unzweideutig, nicht in Handlungen und Fingerspielen, nicht mit liebenswürdigen Amoretten und Amorinnen aus der Vignetten-Welt Eisens, Choffards oder Gravelots. Mangel an Tem-

Die erste Frau

perament war dies gewiß nicht. Chodowieckis Bilder zu Geßners Idyllen, zu Fabeln Gellerts und Erzählungen Lessings, zu den Heiratsanträgen und vielen andern temperamentvollen Vorgängen, die leidenschaftlichen Bildchen aus Verliebtheit und Eheglück – all

Lotte im Ballanzug

dies verglichen mit Bildern jenes klassischen Werkes von Moreau „Monument du costume" lassen sogar stärkeres Blut, echteres Leben bei unserm Künstler fühlen, als bei jenen Franzosen. Nirgends so nahe wie auf diesem besonderen Gebiete der Schilderung galanter Abenteuer lag für den deutschen Künstler die Gefahr französischer Nachahmung. Chodowiecki, der gründliche Kenner und Sammler französischer Kupferstiche seiner Zeit, unterlag der Gefahr nicht. Er blieb ganz er selbst. Er blieb der treue Sittenschilderer des Berlins jener Zeit. Nur in Paris selbst hätte er wohl ein anderer Fragonard, Lancret, Debucourt oder Moreau werden können, wenigstens äußerlich. Realismus und gefestigtes Wesen hielten ihn davon ab. Er schilderte nur s e i n e Umwelt. Und die war weder so reich, noch so sittlich entfesselt wie die der Weltstadt Paris, wie der Hof der letzten französischen Könige und all seiner schönen Mätressen. In den

Werthers Zimmer

Wohnungen der Berliner Kreise, die er schilderte, sah er nicht Wände und Möbel Meissoniers, nicht Tapisserien Bouchers oder Coypels, nicht Stickereien Saint-Aubins. In seiner Sammlung hatte der Künstler wohl genug Stiche, nach denen er modernste künstlerische Wandverkleidungen und Möbel hätte kopieren können. Aber er war zu treu und ehrlich, war Realist des Berliner Lebens. Gewiß war auch sein Sinn nicht so für das eleganteste Kunstgewerbe eingenommen, wie dies selbstverständlich für einen Künstler am Hofe und für den Hof Ludwigs XV. oder Ludwigs XVI. von Frankreich. Denn von jenen trennt ihn wohl am meisten, daß ihm auch bei allen gesellschaftlichen Bildern die Seelendarstellung als Wichtigstes, galt als das künstlerisch Bedeutendste. Macht ihn dieser Unterschied, diese ganz persönliche Stärke in Sinn, Gefühl und Können, nicht allein schon zum Künstler von deutscher Art? Sein Sinn, Gefühl und Können für

Aus Lessings Minna von Barnhelm

die Sprache der Gesichtszüge ist ganz erstaunlich entwickelt. Wer dies Büchlein allein auf all die in diesen kleinsten Radierungen dargestellten Köpfchen betrachtet, wird ein Seelenleben und eine Seelenbeobachtung bei Chodowiecki entdecken von unerschöpflichem Reichtum.

Diese Köpfchen, ihre leisesten Züge des Spottes, der Freude, des Vertrauens, der Überraschung, der Koketterie, der Ratlosigkeit, der Verliebtheit, machen Chodowiecki zu dem einzigen seiner Art. Viele Künstler

Der Versöhnungskuß

wurden Meister der Physiognomie. Aber die ganze Welt der Empfindungen im Spiegel kleinster Gesichter und modischer Gestalten aufzufangen, hat nur einer beherrscht: Chodowiecki. Er wurde ein einziger, er blieb immer Künstler; trotz der Gefahr, die ihn durch Lavater bedrohte, wurde er nicht Dogmatiker, nicht Schulmeister, nicht Übertreiber, blieb immer Meister in der Gemessenheit und Anspruchslosigkeit seiner zierlichen Gaben. Wer hätte z. B. in dem Bildchen zu Gellerts „Die beiden Mädchen" die beiden Gesichtchen so Wort für Wort treffend zeichnen können? Wer hat alle Stufen der Verliebtheit, alle Stadien echter und gespielter Liebesfalschheit so niedlich eingefangen? Chodowiecki war für alle ein guter, aber für alle Affektierten ein ganz gefährlicher Beobachter. Durch dies bewußte Nebeneinanderstellen so gar ver-

Die glückliche Ehe

schiedener Gefühle und Gefühlchen kommt ein Humor in Chodowieckis gerade Figürchen, der wohl noch kaum ausgeschöpft ist. Wie köstlich ist das Mienenspiel=Trio

D. Chodowiecki del. & sculps.

Die Lady im Frauenbad von Sofia

beim „Einfaltspinsel", welche Mienenmaskerade gibt das „Ensemble" der Kalendernarren, welches Lustspiel gibt die schadenfrohe Freundin bei der „Weissagung". Wie vielen Bildchen könnte man alles ablesen, was sie sagen sollten und wollten, wenn man auch nur die Köpfchen betrachten würde. Wie manches Bildchen bekommt durch diese Chodowieckische Art einen Reiz, auf den auszugehen einem anderen Künstler, am wenigsten einem Franzosen jener Zeit, gar nicht in den Sinn hätte kommen können. Wie köstlich vielsagend von Verlegenheit und Willen zur „Einlebung" ist beim „Besuch der Dame im türkischen Frauenbad in Sofia" die Kopfhaltung der besuchenden Dame, sind Kopfhaltung und Ausdruck der führenden Nackten. Das sind nicht Witzchen – sind

Der hohe Hut als Verkehrshindernis

Bilder so frei vom Aufdringlichen, daß sie wirken wie geheimnisvollst und verschwiegenst beobachtete Menschennatur. Hier unterscheidet sich auch gar sehr Chodowiecki von Menzel. Beide zeichneten alles was sie sahen, zeichneten wo immer sie waren und in jeder Haltung; sitzend, stehend, reitend, fahrend, ja Chodowiecki zeichnete wohl gar durch das Schlüsselloch. Menzel zeichnet alle Wirklichkeiten, Chodowiecki realisiert jedes Huschen der Gefühle im Gesicht.

So durfte er Illustrationsaufträge annehmen zu

allen möglichen Dichtern und Schilderungen, zu sentimentalen und fröhlichen Geschichten, zu Modebildern, zur Geschichte simpler und tragischer, verlogener und leichtsinniger Menschen. Er machte aus allem eine eigene Welt, die wohl dann die meisten erst richtig groß ansahen, als Chodowiecki sie ihnen in kleinsten Gesichtern vorgelegt. Ein künstlerischer Kinematograph der Physiognomie. Vielleicht regt er noch einmal Künstler an zur künstlerischen Belebung unserer Kinos.

Die Schattenseiten, die Verkehrtheiten der Gesellschaft seiner Zeit hat er gern geschildert, am liebsten durch Gegenüberstellung von gut und böse, schön und häßlich. Folgen von ungleichem, künstlerischem Wert, wertvoll, unentbehrlich für uns, unsere Schauspieler zumal. Es sind Sittenschilderungen von untrüglicher Bildungskraft, gültig für engere Zeiträume. Auch hierin könnte die modernste Bilderbühne, das Kino, von Chodowiecki als Kunst- und Sittenerzieher, als Spötter und Schwärmer, in ganzen Bilderreihen einiges aufnehmen.

Nur eines, das wurde schon gesagt, blieb ihm versagt, Feierlichkeit und historisches Pathos. Nichts suchte er mehr als solche Aufträge. Seine Zeitgenossen kannten ihn aber recht gut, sie gaben ihm meist das, was er allein konnte; versagten ihm feierliche Historienbilder.

Der sentimentalen mittelalterlichen Romantik, die nach ihm kam, hätte er nichts geben können; die verlangte als Folger wie als Beherrscher andere Künstler. Aber im köstlichen „Zug der Komödianten“, in der lustigen Tischkarte für eine Hochzeit: „Heimführung der Braut“, berührt er sich mit dem deutschen Romantiker, der nur drei Jahre nach ihm kam, Moritz von Schwind, dem Romantiker schelmischer Fröhlichkeit.

Heimführung der Braut (Hochzeits=Tischkarte)

Umzug der Komödianten

Vignette zu Carlsberg: Über das menschliche Elend

Von dieser Fröhlichkeit hatte auch der Realist Chodowiecki ein gut Teil. Diese ist's, die auch seinen spöttelnden Folgen über natürliche und affektierte Handlungen, über die Heiratsanträge, die Steckenpferdreiter, die Lebensläufe das Beste gibt. Er ist kein Hogarth, wollte sich nicht mit ihm vergleichen lassen.

Aus Chodowieckis Leben ist nichts zu berichten, was sich die Jugend gern unter einem Künstlerleben vorstellt. Die Familienverhältnisse, aus denen er hervorging, waren, wenn auch bescheiden, so doch geordnet – ein unruhiges Dasein hat er nie kennen gelernt. Große Reisen, Reisen überhaupt waren ihm weder Bedürfnis noch Notwendigkeit. Vom sechzehnten Lebensjahre an ist er in Berlin ansässig, um von dort aus nur wenige Reisen, meist zu Pferde, zu machen. Dresden, Hamburg, Leipzig, Sorau, Muskau, Frankfurt a. O. und seine Vaterstadt Danzig, das sind die

3*

wichtigsten seiner Reiseziele. Diese uns eng erscheinende Welt genügte ihm, bot ihm Anregung übergenug. Das ist für große Künstler nichts so Ungewöhnliches, ist doch Rembrandts Welt noch viel enger gewesen, hat ein andrer Großer, der alte Breughel, trotz seiner Romreise recht eigentlich künstlerisch nichts andres gesehen als sein geliebtes Flandern.

Daniel Chodowiecki wurde 1726 in Danzig geboren, wurde Lehrling im Geschäft seines Vaters, kam mit 16 Jahren als Kaufmannsgehilfe nach Berlin, malt Miniaturen und Emaillen für Dosen erst aus

Leben eines Lüderlichen

Das schlechterzogene Frauenzimmer

Liebhaberei, dann des Nebenverdienstes wegen, um sich schließlich mit solchen Arbeiten selbständig zu machen. Ein Onkel brachte ihm Aufträge, er wird bald bekannt unter den Liebhabern solcher Kleinkunstware und kann durch sein eigenes Verdienst mit 29 Jahren heiraten. Seine Frau, die Tochter eines geachteten Goldstickers, eines Refugiés, schenkte ihm in ruhiger, glücklicher Ehe drei Töchter und zwei Söhne, die wiederum mit Mitgliedern der französischen Gemeinde Berlins, die schon längst zu seiner besten Kundschaft gehörte, sich vermählten.

Das schlechterzogene Frauenzimmer

Die künstlerische Erziehung dankt Chodowiecki seinem Fleiß und handwerklicher Tradition, die ihm etwas mehr als seine Verwandten, ein Maler Haid, beigebracht haben mag. Aktstudien trieb er beim Maler Rode. Seine besten Anreger und Erzieher waren zweifellos Kupferstiche deutscher, französischer und niederländischer Schule. Callots große Kompositionen mit kleinsten Figuren haben ihn, der von der dilettantischen Porträtminiaturmalerei herkam, am stärksten angeregt. Den Geschmack am Kostümlichen gaben ihm wohl Watteau, Boucher, Leclerc u. a. schon zu

jener Zeit erster Versuche aus Spielerei und Not. Bald versucht er sich auch in Öl, und hat mit einem Gemälde stärkstten Erfolg. Der Erfolg kam von der gewählten Darstellung, vom Geschick der rührseligen Komposition. „Der Abschied Calas", des unschuldig zum Tode Verurteilten, für den sich sogar ein Voltaire verwendet hatte. Das Bild machte ihn berühmt, zwingt ihn aber zur Wiedergabe im Kupferstich. Die Verleger der Almanache und der Dichter wollen mehr und mehr Illustrationen von ihm. Die kleinen mit

Darstellungen aus dem Leben der Gegenwart gefallen. Mit den größeren Bildern – auch mit Bildnissen Friedrichs des Großen – hat er weniger Erfolg als er erwartete. Das wird sein Thema, sein Glück.

Und sein Glück ist Mühe und Arbeit, materieller Erfolg und künstlerisches und gesellschaftliches Ansehen. Er war hochgeachtet in bürgerlichen und adeligen Kreisen. Lange gehörte er schon der Akademie der bildenden Künste an. Er wird sogar mit 71 Jahren deren Direktor.

Selten ist in einem Künstlerleben gleichmäßig tüchtige Arbeit von immer gleichbleibendem Erfolg begleitet gewesen. Tragische Mißerfolge, wie sie so viele viel Größere erlebt, haben ihn verschont, mußten ihn verschonen, denn nie hat er Sinn und Ehrgeiz gefühlt nach außerordentlichen und gewaltigen Aufgaben. Nie verließ ihn die Ruhe des sicheren und klugen Verwalters seiner künstlerischen Kräfte und Gaben.

Was er besaß, hat er in denkbar günstiger Weise durch Studium und Umsicht vermehrt. Schon in den allerersten Morgenstunden stand er auf, um erst abends den Griffel wegzulegen. Häufig genug zog er es vor, sich gar nicht erst auszuziehen, um keine Zeit für die Arbeit zu verlieren. Still ging er seines Wegs, ging nie auf künstlerische, gesellschaftliche oder wirtschaftliche Sensationen aus. Als unermüdlicher Beobachter und Zeichner verstand er es sogar ganz besonders, unbemerkt vorzugehen. Er hat wohl die meisten Figuren, ohne daß sie's wußten, heimlich abgezeichnet. Daher die große Natürlichkeit. Auf vielen Zeichnungen seiner Hand sehen wir ihn, wie er am Zeichentisch beim Fenster sitzt, nicht nur um den zu zeichnen, der ein Bildnis in Auftrag gegeben, sondern die ganze kommende und gehende Gesellschaft, die sich gerade mit ihm oder seinem Auftraggeber unterhielt. Und immer waren es nicht etwa Kleider und Bewegungen, die er getreu aufgriff; viel stärker als andere wurde er so in der Zeichnung der flüchtigsten Empfindungen, Gesinnungen, wie der Temperamente und Charaktere. Er war und ist der Meister der Gesichtscharakteristik im kleinsten Maßstabe. – Chodowiecki starb 1801 als Künstler von europäischem Ansehen.

Chodowiecki seine Familie zeichnend

Petersburger Schaukelfest

Verbesserung der Sitten

Der Tanz
La dance

Der Tanz (1 und 2)

(1) Wenn der Leser einen Zirkel zur Hand nehmen will, so wird er finden, daß der Teilungsstrich des obersten Drittels in Länge der jungen Dame gerade durch den Mund geht, und daß sie also standesmäßig erscheint. Ich weiß nicht, wo dieser Ball ist; gefährlich scheint er mir allemal, bei einem solchen Gesellschafter, für dieses heute zum erstenmal mit Flitterstaat bepackte Dorf-geschöpf. Wir sehen hier den edelsten aller Tänze, den Menuett, durch zu viel und zu wenig Symmetrie,

Der Tanz
La dance.

endlich zum possierlichen Tanz zwischen Hündchen und Äffchen erniedrigt. Die Götzenfigur von einem Mädchen sagt nichts, als höchstens: unter meiner Volante habe ich noch einen Rock. Hingegen sagt das Prisgennehmende in der Linken des Chapeaus, das Konvulsivische im Oberteil des Körpers und die Vipernlinie, nach welcher der ganze Affe gebogen ist und sich biegt, weit mehr; selbst die Fiedler im Hintergrunde scheinen es zu bemerken, und daher ist eine Erklärung unnötig.

Hier (2) ist der Tanz, von welchem ein großer Philosoph sagt, daß ihn die Grazien erfunden zu haben scheinen. Wer ihn nicht gleich in diesem Bilde kennt, muß bedenken, daß ein Tanz, wenn er gemalt wird, gerade das verliert, was seine Schönheit ausmacht.

G. Ch. Lichtenberg. (1779)

Natur und Affektation

Herr Chodowiecki hat uns hier wieder auf einigen Blättern sinnlich gemacht, was in verschiedenen Verrichtungen des Lebens den Geehrtesten und Besten und Weisesten jetzt gefällt, und auf einigen, was den andern (menschenfreundlicher kann ich sie nicht benennen) unmaßgeblich besser schmeckt.

Natur ist hier der Affektation nicht in dem Grade entgegengesetzt, in welchem sie ihr auf den übrigen Blättern entgegensteht, wenigstens nicht auf denen, wo von Oberfläche die Rede ist. Der Künstler hat hier tiefer ausgeholt. Natürliche Tracht erscheint hier ungefähr so, wie die Unschuld im Bilde nackender Voreltern. Indessen muß man doch auch hier bedenken, daß manches in dieser Tracht sich selbst jetzt über das Herz bringen ließe, wenn es die Haut litte, und daß der Erbherr auf den Himmel aus Erbherrnstolz zu oft aus seinem moralischen Gefühl erklärt, was dem physischen zugehört.

Als vor mehreren Jahren die Reifröcke in England so groß und die Schnürleibchen so enge wurden, daß eine Dame, die am unteren Rande des Rockes fünf Männer kaum umklaftern konnten, sich in den Hüften leicht mit der Hand umspannen ließ, verglich sie ein mutwilliger Schriftsteller mit wandelnden Stückfässern, in welchen ein Trichter steckt. Das Gleichnis paßt jetzt kaum mehr, oder man müßte annehmen, daß der Trichter heftig überschäumte. In der Tat fängt sich bei dieser Dame auf dem Kopf ein dem Reifrock ähnlicher Körper zu entspinnen an, der es bei fernerem Wachstum in manchen Fällen nötig machen möchte, das Frauenzimmer wie die Glaskisten mit Oben zu bezeichnen, wo „Oben" ist. Übrigens ist die gravitätische Kopfhaltung, die wir hier bemerken, in denen Städten, wo die Dienstmädchen das Gemüse auf den Köpfen nach Hause tragen, sehr gemein, und nicht sowohl Affektation von Würde, als die notwendige Folge eines statischen Versuches. Den scheinbaren Ernst dieser Stellen überhaupt zu rügen, verböte die holdselige Süßigkeit des allerliebsten Mäulchens, dem wohl schwerlich zu widerstehen ist. Die beiden Bänder zur Rechten und zur Linken hängen vermutlich herab, um sie bei einem Saltomortale über eine Gosse anzufassen und dadurch dem Korbe mit allen Heiligtümern der brabantischen Flora die nötige Festigkeit zu geben. Den Chapeau müssen wir wohl ziehen lassen. Wer in aller Welt könnte ein solches Con-Amore-Gesichtchen und so viel liebevolle Geisteskränklichkeit, zumal unter dem Schutz eines Reifrocks, beleidigen? Ziehe du hin in Frieden mit deinen richtig geschnallten Schuhen, die nicht der letzte Gegenstand deiner Aufmerksamkeit zu sein scheinen; mit deinen Knopflöchern gleich prächtigen Schlüssellöchern zu einem leeren Kasten und mit deinen beiden Uhren, womit du, der du Stunden über Possen wegwirfst, uns glauben machen willst, du wögest die Zeit mit Sekunden ab.

G. Ch. Lichtenberg. (1780)

Natur

Afectation

4*

Heiratsanträge. Erste Folge

Die Art, wie die Tiere Liebe antragen, verdiente gewiß die Aufmerksamkeit eines Naturforschers, der Linnés Beobachtungsgeist bei Büffons Phantasie und Sprache besäße. Bei manchen Tieren scheint es, als fing ein Funke von Vernunft in ihnen zu der Zeit an zu glimmen; Schlauigkeit, Adresse, und alle Schmeichlerkünste steigen bei ihnen so hoch, als es ihre Natur verträgt. Selbst bei Insekten geht dieses weiter, als mancher Beobachter denken sollte. Ich habe eine Fliege, die eine gefährliche Absicht auf eine andere hatte, wohl einen Zoll lang seitwärts gehen sehen. Eine menschliche Seele in dem Körper einer Fliege hätte nicht mehr tun können. Was läßt sich also hier nicht vom Menschen erwarten, der bald geigen muß, wie man tanzt und bald tanzen, wie man geigt, und der daher tausendfältig tanzt und geigt. Bald wird freilich die Braut von einem dritten für den Bräutigam geworben, der sie selbst nie sah, bald wird sie gekauft, bald wird sie erfochten. Fast im ganzen Orient macht das Geld die erlaubten Verbindungen und die wechselseitige Liebe die unerlaubten. Allein bei uns, wo Geld nicht in Betracht kommt, wo allein das Liebenswürdige glücklich liebt und vor allem Gefälligkeit liebenswürdig macht, – was für ein Augenblick für den Maler, den Menschen just dann zu zeichnen, wenn er sich selbst für das liebenswürdigste Geschöpf der Natur entweder hält oder gehalten wird. Man zeige mir ihn in seinem sterblichen Leibe, wenigstens in einem größeren, so will ich bekennen, ich habe den Griffel Herrn Chodowieckis gemißbraucht. Die Ehen werden freilich im Himmel geschlossen, aber das hindert nicht, daß der Mensch nicht eine Menge sonderbares Zeug dabei macht.

G. Ch. Lichtenberg. (1781)

Heiraths Antrag des Officiers
Proposition de Mariage de L'officier

Heiratsantrag des Offiziers

Herzlich ist diese Szene zwischen einem braven Kerl und einem guten Mädchen gewiß; hier würde der Chapeau bas fallen, wenn einer da wäre. Der Kontrast zwischen männlicher, zweckmäßiger Herzhaftigkeit und weiblicher Weichheit und Zurückhaltung wird von jedem weit über meine Beschreibung gefühlt werden. Wie nimmt sich dieses nicht aus! Ein solches etruskisches Tränenfläschchen oder meißnisches Milchkännchen neben einem derben kölnischen Bierkrug!

G. Ch. Lichtenberg

Heiratsanträge. Zweite Folge

Wahl der Gegenstände und Art der Ausführung alles ist hier von Herrn Chodowiecki, auch der Gedanke, auf die Heiratsanträge im Kalender des vorigen Jahrs noch ein Dutzend in dem diesjährigen folgen zu lassen. Vielleicht hätten diese Leser es lieber gesehen, wenn er die ersten noch einmal, nur etwa vier Wochen nach der Hochzeit, vorgestellt hätte, doch dieses tut er wohl künftig einmal, und wählt die zwölf interessantesten aus diesen zu. Käme alsdann noch eine interessante Szene aus den folgenden Jahren hinzu, so hätten wir ein kleines sybillinisches Heiratsbüchlein beisammen, das jungen Verlobten Anlaß zu allerlei nützlichen Gedanken geben könnte, wenn sie um diese Zeit nützliche Gedanken zu haben wünschen und haben könnten.

G. Ch. Lichtenberg (1782)

Werbung des Einfaltspinsels

Fürwahr ein Pinsel, weil er dies Mäkleralter und die Mäklertaille der Alten nicht kennt, er glaubt wohl gar, es sei die Mutter oder die Tante. Wo diese Ehe geschlossen wird, weiß ich kaum. Im Himmel gewiß nicht. Leda mit Jupiter als Schwan, an der Wand, so wie Braut und Gans im Vorgrund.

G. Ch. Lichtenberg

Der Einfaltpinsel
Le Nigaut

Heiraths Antrag des Geitzigen
Proposition de Mariage de l'auare.

Heiratsantrag des Geizigen

Wie der häßliche Kerl nach dem vollen Geldkasten selbst in dem Augenblick hinschielt, da er sich die Hand des Mädchens will pränumerieren lassen. Sie scheint etwas betroffen über den Vorzug, den der Kasten erhält. Man bemerke die Form der Hände des Bräutigams; die Rechte wie sie Zahlung zu empfangen, die Linke wie sie dieselbe zu wiegen scheint. Der Vater

wohnt der Change der Herzen und der Kästen gelassen bei, und sieht nur, ob sonst alles seine Richtigkeit hat. Was Fracht und Emballage beträgt, wird sich schon finden. Hätte ich den Vater allein stehen sehen, so hätte ich gedacht, der Aktus, dem er beiwohnt, wäre eine Güterlöschung.

G. Ch. Lichtenberg. (1782)

Geſchmack
Gout

„Geschmack“

Wenn der portugiesische Stutzer nicht neben der Dame stände und seine Ware empföhle, so würde ich dieses wieder für eine Opernszene halten aus dem zweiten oder dritten Jahrhundert vor unserer Zeitrechnung genommen; und diesen Winter vorgestellt. Man merke die zärtliche Konkavität des Verliebten nach der Seite, die über ein Drittel der Dame umzirkelt und sich selbst in der phrygischen Beugung der Fronte zeigt. Daß die Dame unendlich mehr monde hat, sähe man schon allein daraus, daß das Topsegel freier weht, wenn man es auch nicht aus der Lage des rechten Armes sähe, der bei eingeknicktem Ellbogen oben hart an die Brust anschließt und den Fächer trägt als wäre er zentnerschwer. Es ist eigentlich die bequemste Lage des Arms bei der höchstmöglichen Posche oder dem höchstmöglichen Reifrock, welchem nachher zur Verschönerung des Profils, von Rücken und Hüften die Kunst allerlei Kleinigkeiten zugesetzt hat. Übrigens leuchtet viel Übung aus der Miene der Dame hervor, die durch das Aufwärtsstarren, womit sie es verbergen will, nur noch deutlicher wird, und ich fürchte, der Stutzer, der zu betrügen hofft, ist bereits betrogen.

G. Ch. Lichtenberg

Geschmack
Gout

„Geschmack"

Wer nicht weiß, was bei Anstand und Tracht den Besten, jetzt wenigstens, gefällt, der sehe den Anstand und die Tracht dieses Paares. Was meine Leserinnen zu der Aufmerksamkeit des Chapeaus sagen werden, weiß ich nicht, die Leser werden sie gewiß sehr verzeihlich finden.

G. Ch. Lichtenberg. (1780)

Der Kinder Weihnachtsfest

Lessing, Minna von Barnhelm

Lessing, Minna von Barnhelm

Damenmoden für das Jahr 1782

Leonore:
„Rasch auf ein eisern Gittertor
Gings mit verhängtem Zügel
Bürger

Chodowiecki zeichnet überall

„Ich habe stehend, gehend, reisend gezeichnet, ich habe Mädchen im Bette in allerliebsten, sich selbst überlassenen Stellungen durchs Schlüsselloch gezeichnet Ich habe nach Gemälden wenig, nach Gips etwas, viel mehr nach der Natur gezeichnet. Bei ihr fand ich die meiste Befriedigung, den meisten Nutzen; sie ist meine einzige Lehrerin, meine einzige Führerin,

meine Wohltäterin. Wo ich sie finde, werfe ich ihr einen Kuß, wenn es auch nur in Gedanken ist, zu: dem reizenden Mädchen, dem prächtigen Pferde, der herrlichen Eiche, dem Strauche, dem Bauernhause, dem Palaste, der Abendsonne und dem Mondlicht – alles ist mir willkommen und mein Herz und Griffel mußten ihm entgegen."

(Tagebuch)

Leben eines Lüderlichen

Chodowiecki selbst über sein Zeichnen

„War ich in Gesellschaft, so setzte ich mich so, daß ich die Gesellschaft oder eine Gruppe derselben oder auch nur eine einzige Figur übersehen konnte und zeichnete sie so geschwind oder auch mit so vielem Fleiß, als es die Zeit oder die Stetigkeit der Personen erlaubte. Bat niemals um Erlaubnis, sondern suchte es so verstohlen wie möglich zu machen; denn wenn ein Frauenzimmer (und auch zuweilen Männerpersonen)

Leben eines Lüderlichen

weiß, daß man's zeichnen will, so will es sich angenehm stellen und verdirbt alles, die Stellung wird gezwungen. Ich ließ es mich nicht verdrießen, wenn man mir auch, wenn ich halbfertig war, davonlief; es war doch viel gewonnen. Was habe ich da zuweilen für herrliche Gruppen aus Licht und Schatten, mit allen den Vorzügen, die die Natur, wenn sie sich selbst überlassen ist, vor allem dem so gerühmten Ideal in mein Taschenbuch eingetragen."

(Tagebuch)

„Zärtliche Liebe“

Chodowiecki über Manier und Nachahmung anderer

Die Manier ist immer ein Abweichen von der Wahrheit und jede Abweichung von derselben ein Fehler. Wer nur einen anderen Künstler in seiner Manier nachahmt, der übertreibt sie noch, erreicht seine Schönheit nicht und vergrößert nur seine Fehler oder macht sie auffallender: ebenso wenn ein Mensch die Physiognomie eines anderen nachäffen will, so übertreibt er das, was der zum Auffallen an sich hat und macht eine unangenehme Grimasse.

Seht! so finden Wahrheit, Tugend
Auch bey der zerstreuten Jugend
Ihre Stunden zum Gehör
Einem wird das Amt gebühren
Sie bey Schönen einzuführen
Wär es auch nur ihr Friseur

Chodowiecki über seine Nationalität

Ich gehöre auch einigermaßen zu diesen guten Leuten (den braven Refugies, die vor Jahren ihr Vaterland verlassen mußten, und aber dort, wo sie hinkamen, geehrt und geliebt wurden und auch in Deutschland viel Gutes gestiftet haben), denn meine Großmutter mütterlicher Seite war eine Refugié, aber von meinem Vater her bin ich ein Pole, ein Abkömmling einer braven Nation, die bald nicht mehr existieren wird.

(Geschrieben 1793.)

Die schlafende Buhlerin

Chodowiecki über das Aktstudium

Dieses akademische Zeichnen währte aber nur wenige Jahre. Und das wäre nicht genug? wird ein schon ausgelernter Künstler fragen. – Nein, lieber Mann. Wenn du dein ganzes Leben lang nach dem Leben zeichnest, so wirst du am Ende desselben fühlen, daß dir noch vieles zu lernen übrig blieb und du nicht zu viel gezeichnet hast.

Le menage

Der Spatzier Gang
La promenade

Die Haushaltung

„Zankst du schon wieder?“ sprach Hans Lau
Zu seiner lieben Ehefrau.
„Versoffner, unverschämter Mann“ – – –
„Geduld, mein Kind, ich zieh' mich an“ – –
„Wo nun schon wieder hin?“ „Zu Weine.
Zank' du alleine.“
„Du gehst? – – Verdammtes Kaffeehaus!
Ja! blieb' er nur die Nacht nicht aus.
Gott! ich soll so verlassen sein? –
Wer pocht? – – Herr Nachbar? – – nur herein!
Mein böser Teufel ist zu Weine:
Wir sind alleine.“

Lessing

Le Menage
— — ah! cést vous cher voisin?
Entrés! Mon mechant Diable de Mari est
au Cabaret, nous sommes Seuls.

Die Küsse

Ein Küßchen, das ein Kind mir schenket,
Das mit den Küssen nur noch spielt
Und bei dem Küssen noch nichts denket,
Das ist ein Kuß, den man nicht fühlt.

Ein Kuß, den mir ein Freund verehret,
Das ist ein Gruß, der eigentlich
Zum wahren Küssen nicht gehöret:
Aus kalter Mode küßt er mich.

Ein Kuß, den mir mein Vater gibet,
Ein wohlgemeinter Segenskuß,
Wenn er sein Söhnchen lobt und liebet,
Ist etwas, das ich ehren muß.

Ein Kuß von meiner Schwester Liebe
Steht mir als Kuß nur so weit an,
Als ich dabei mit heißerm Triebe
An andre Mädchen denken kann.

Ein Kuß, den Lesbia mir reichet,
Den kein Verräter sehen muß,
Und der dem Kuß der Tauben gleichet:
Ja, so ein Kuß, das ist ein Kuß.

Lessing

Les Baisers

——— voila ce que l'on peut apeler un baiser.

Oeuvr diverse Lessing

Die schlafende Laura

Nachlässig hingestreckt,
Die Brust mit Flor bedeckt,
Der jedem Lüftchen wich,
Das säuselnd ihn durchstrich,
Ließ unter jenen Linden
Mein Glück mich Lauren finden.
Sie schlief, und weit und breit
Schlug jede Blum' ihr Haupt zu Erden,
Aus mißvergnügter Traurigkeit,
Von Lauren nicht gesehn zu werden.
Sie schlief, und weit und breit
Erschallten keine Nachtigallen,
Aus weiser Furchtsamkeit,
Ihr minder zu gefallen,
Als ihr der Schlaf gefiel,
Als ihr der Traum gefiel,
Den sie vielleicht jetzt träumte,
Von dem, ich hoff' es, träumte,
Der staunend bei ihr stand
Und viel zu viel empfand,
Um deutlich zu empfinden,
Um noch es zu empfinden,
Wieviel er da empfand.
Ich ließ mich sanfte nieder,
Ich segnete, ich küßte sie,
Ich segnete und küßte wieder:
Und schnell erwachte sie.
Schnell taten sich die Augen auf.
Die Augen? – nein, der Himmel tat sich auf.

Lessing

Laure en dormie
Tout à coup elle ouvrit ſes yeux
Ses yeux _ que dis je _ non, c'eſt le Ciel qui ſ'ouvrit.

Faustin

Faustin, der ganze funfzehn Jahr
Entfernt von Haus und Hof und Weib und Kindern war,
Ward, von dem Wucher reich gemacht,
Auf seinem Schiffe heimgebracht.
„Gott," seufzt der redliche Faustin,
Als ihm die Vaterstadt in dunkler Fern' erschien,
„Gott, strafe mich nicht meiner Sünden
Und gib mir nicht verdienten Lohn!
Laß, weil du gnädig bist, mich Tochter, Weib und Sohn
Gesund und fröhlich wiederfinden."
So seufzt Faustin, und Gott erhört den Sünder.
Er kam und fand sein Haus in Überfluß und Ruh'.
Er fand sein Weib und seine beiden Kinder
Und – Gottes Segen! – zwei dazu!

Lessing

Faustin

Il retrouva sa femme avec ses deux Enfans
Et benediction Celeste encor deux de plus.

6*

Die Schöne von hinten

Sieh, Freund! sieh da! was geht doch immer
Dort für ein reizend Frauenzimmer?
Der neuen Tracht Vollkommenheit,
Der engen Schritte Nettigkeit,
Die bei der kleinsten Hindrung stocken,
Der weiße Hals voll schwarzer Locken,
Der wohlgewachsne schlanke Leib
Verrät ein junges art'ges Weib.
Komm, Freund! komm, laß uns schneller gehen,
Damit wir sie von vorne sehen.
Es muß, trügt nicht der hintre Schein,
Die Venus oder Phyllis sein.
Komm, eile doch! – O welches Glücke!
Jetzt sieht sie ungefähr zurücke.
Was war's, das mich entzückt gemacht?
Ein altes Weib in junger Tracht.

Lessing

La belle par derriere
Que vois je ô Dieux, quel objet m'enchantoit.
C'est une vielle !

Der glücklich gewordene Ehemann

Frontin liebt Hannchen bis zum Sterben;
Denn Hannchen war ein schönes Kind.
Allein je reizender die losen Mädchen sind,
Um desto weniger kann man ihr Herz erwerben.
Frontin erfuhr es wohl: drei Jahre liebt' er sie;
Allein umsonst war alle Müh'.
Was tat er endlich? Er verreiste
Und ging, (was kann wohl Ärgres sein?)
Ging, sag' ich, mit dem bösen Geiste
Ein Bündnis an dem Blocksberg ein;
Ein Bündnis, daß er ihm zwei Jahre dienen wollte,
Wofern er Hannchen noch zur Frau bekommen sollte.
Sie wurden hurtig eins und schließen ihren Kauf;
Der böse Geist gibt ihm die Hand darauf.
Und ob er gleich die Welt sehr oft belogen
Und Doktor Fausten selbst betrogen,
So hielt er doch sein Wort genau.
Frontin ward Hannchens Mann, und sie ward seine Frau.

Doch eh' vier Wochen sich verlieren,
So fängt Frontin schon an, den Schwarzen zu zitieren.
Ach, spricht er, da der Geist erscheint,
Ach, darf ich, lieber böser Feind,
Noch einer Bitte mich erkühnen?
Ich habe dir gelobt, für Hannchen, meine Frau,
Zwei Jahre, wie du weißt, zu dienen,
Und dies erfüll' ich auch genau;
Doch willst du mir mein Hannchen wieder nehmen,

Der glücklich gewordene Ehemann
...... so arg du immer bist!
So weiß ich doch, daß Hannchen ärger ist.

So soll mein Dienst ein Jahr verlängert sein.
Der Böse will sich nicht bequemen.
Drauf geht Frontin die Frist noch zweimal ein;
Denn, sprach er bei sich selbst, so arg du immer bist,
So weiß ich doch, daß Hannchen ärger ist.

Gellert

Der Tanzbär

Ein Bär, der lange Zeit sein Brot ertanzen müssen,
Entrann und wählte sich den ersten Aufenthalt.
Die Bären grüßten ihn mit brüderlichen Küssen
Und brummten freudig durch den Wald,
Und wo ein Bär den andern sah,
So hieß es: Petz ist wieder da!
Der Bär erzählte drauf, was er in fremden Landen
Für Abenteuer ausgestanden,
Was er gesehn, gehört, getan!
Und fing, da er vom Tanzen red'te,
Als ging' er noch an seiner Kette,
Auf polnisch schön zu tanzen an.

Die Brüder, die ihn tanzen sahn,
Bewunderten die Wendung seiner Glieder,
Und gleich versuchten es die Brüder;
Allein anstatt wie er zu gehn,
So konnten sie kaum aufrecht stehn,
Und mancher fiel die Länge lang danieder.
Um desto mehr ließ sich der Tänzer sehn;
Doch seine Kunst verdroß den ganzen Haufen.
Fort, schrien alle, fort mit dir!
Du Narr willst klüger sein, als wir?
Man zwang den Petz, davonzulaufen.

* * *

Sei nicht geschickt, man wird dich wenig hassen,
Weil dir dann jeder ähnlich ist;
Doch je geschickter du vor vielen andern bist,
Je mehr nimm dich in acht, dich prahlend sehn zu lassen.
Wahr ist's, man wird auf kurze Zeit
Von deinen Künsten rühmlich sprechen;
Doch traue nicht, bald folgt der Neid
Und macht aus der Geschicklichkeit
Ein unvergebliches Verbrechen.

Gellert

Die beiden Mädchen

Zwei junge Mädchen hofften beide,
Worauf? Gewiß auf einen Mann.
Denn dies ist doch die größte Freude,
Auf die ein Mädchen hoffen kann.
Die jüngste Schwester, Philippine,
War nicht unordentlich gebaut;
Sie hatt' ein rund Gesicht und eine zarte Haut,
Doch eine sehr gezwungne Miene.
So fest geschnürt sie immer ging,
So viel sie Schmuck ins Ohr und vor den Busen hing,
So schön sie auch ihr Haar zusammenrollte:
So ward sie doch bei alle dem,
Je mehr man sah, daß sie gefallen wollte,
Um desto minder angenehm.

Die andere Schwester, Karoline,
War im Gesichte nicht so zart:
Doch frei und reizend in der Miene
Und liebreich mit gelaßner Art.
Und wenn man auf den heitern Wangen
Gleich kleine Sommerflecken fand,
Ward ihrem Reiz doch nichts dadurch entwandt,
Und selbst ihr Reiz schien solche zu verlangen.
Sie putzte sich nicht mühsam aus,
Sie prahlte nicht mit teuren Kostbarkeiten.
Ein artig Band, ein frischer Strauß,
Die über ihren Ort, den sie erlangt, sich freuten,
Und eine nach dem Leib wohl abgemeßne Tracht
War Karolinens ganze Pracht.

Ein Freier kam, man wies ihm Philippinen;
Er sah sie an, erstaunt' und hieß sie schön;

Die beiden Mädchen.
Zwey junge Mädchen hofften beide,
Worauf? gewiß auf einen Mann;

Allein sein Herz blieb frei, er wollte wieder gehn.
Kaum aber sah er Karolinen,
So blieb er vor Entzückung stehn.

* * *

Im Bilde dieser Frauenzimmer
Zeigt sich die Kunst und die Natur:
Die erste prahlt mit weit gesuchtem Schimmer,
Sie fesselt nicht, sie blendet nur;
Die andre sucht durch Einfalt zu gefallen,
Läßt sich bescheiden sehn, und so gefällt sie allen.

Gellert

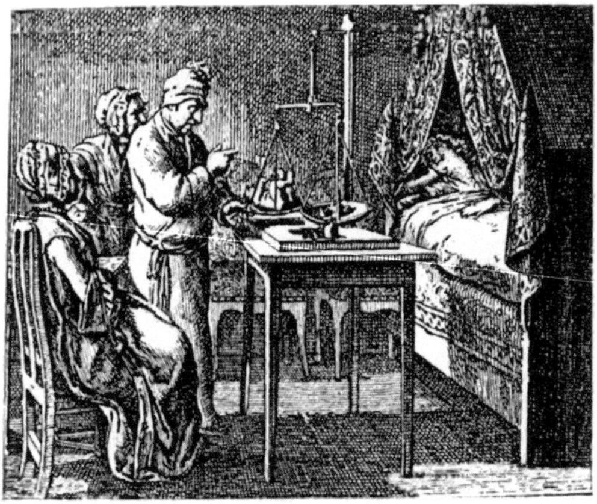

Der Neugeborene auf der Wage

Verzeichnis der Abbildungen

Für Sammler Chodowieckischer Stiche ist unentbehrlich: Wilhelm Engelmanns Verzeichnis sämtlicher Kupferstiche Daniel Chodowieckis (Leipzig 1857). Besonders verwiesen sei auf die ausführlichen Arbeiten über Chodowiecki von Ludwig Kaemmerer und Wolfgang von Oettingen.